Les meilleures
caricatures
de
BeauDet

Catalogage avant publication de la Bibliothèque nationale du Canada

Beaudet, Marc
    Les meilleures caricatures de Beaudet
    (Collection Essais)
    ISBN 2-7640-0793-0
    1. Humour par l'image québécois. 2. Personnalités – Caricatures et dessins humoristiques. 3. Politique mondiale –1995-2005 – Caricatures et dessins humoristiques. 4. Canada – Politique mondiale – 1995-2005 – Caricatures et dessins humoristiques. I. Titre
NC1449.B34A4 2003   741.5'971   C2003-941471-X

LES ÉDITIONS QUEBECOR
7, chemin Bates
Outremont (Québec)
H2V 4V7
Tél.: (514) 270-1746

©2003, Les Éditions Quebecor
Bibliothèque nationale du Québec
Bibliothèque nationale du Canada

Éditeur: Jacques Simard
Coordonnateur de la production: Daniel Jasmin
Conception de la couverture: Bernard Langlois
Photo de l'auteur: Alfred Lanctôt
Maquette intérieure et infographie: Claude Bergeron

Nous reconnaissons l'aide financière du gouvernement du Canada par l'entremise du Programme d'Aide au Développement de l'Industrie de l'Édition pour nos activités d'édition.

Gouvernement du Québec — Programme de crédit d'impôt pour l'édition de livres — Gestion SODEC.

Les meilleures caricatures de *Beaudet*

Marc Beaudet

LES ÉDITIONS
Quebecor
QUEBECOR MEDIA

DÉDICACE

Je dédie ce livre à ceux qui m'ont permis d'y croire davantage en me disant que je ne réussirais jamais.

SOMMAIRE

REMERCIEMENTS

Je remercie:

Katy Lévesque, Marie-Claude Beaudet et son fils Arnaud Lignière, mes parents Paul Beaudet et Nicole Trottier, mon grand-père feu-Paul Trottier, mes amis de Montréal (Christian et Stéphane Fortin, Martin Larose et Vicky Bissonette) mes amis de Québec (Christian Ricard et Marie-Douce Huard, Danielle « moumou » Dubois, René Pouliot et feu - Nathalie Tremblay, Julie Tremblay, Dayve Hébert, Jodi Grandbois, Carole et Carlos Boies-Lara), Bernard Brisset et toute l'équipe de rédaction du Journal de Montréal, Sophie Gingras, Luc Boily, René Journault, Érik Sieb, André-Philippe Côté, Charles Perreault (RDS), Jocelyn Bourque (Journal de Québec), Stéphane Desrochers, Mark Fisher, Karine Champagne.

Et sans oublier:

Mickey Mouse et Walt Disney, Bugs Bunny, Homer et Bart Simpson, Buzz Lightyear, Astérix et Obélix, Tintin, les Schtroumpfs, Batman et tous les superhéros, Goldorak, Albator, Fred Caillou, Patof.

11

PRÉFACE

Le jour où Roland Pier a annoncé son départ imminent du Journal de Montréal après 35 ans de service, nous nous sommes tous regardés, interloqués : comment trouver le meilleur caricaturiste du Québec pour le remplacer?

Évidemment, en fouillant les tiroirs, on a bien retracé quelques CV, quelques dessins soumis çà et là. Mais notre « banque » de candidats était bien mince. Pier avait été le premier employé du Journal et le seul caricaturiste de son histoire. On partait de loin!

C'est alors qu'a surgi l'idée d'organiser un concours, une sorte de chasse au talent qui nous a permis, entre autres, de constater combien la qualité abondait chez nous. Au total, nous avons reçu près de 350 candidatures valables alors que nous en attendions une vingtaine, une trentaine tout au plus. Plusieurs se démarquaient. Pendant plus d'un mois, nous avons publié les meilleurs dessins reçus. Mais qui choisir?

Il n'est pas évident de devenir caricaturiste de presse quand, toute sa vie, on a dessiné en dilettante dans son atelier, avec de la fine musique en sourdine, une vue prenante sur son jardin et la quiétude du foyer en arrière-plan. Nos exigences étaient formelles : notre nouveau caricaturiste devait vivre la vie de notre salle de rédaction, donc travailler avec nous, assister à nos rencontres de planification et de production, participer à l'élaboration du journal quotidien et soumettre quelques ébauches avant de procéder à la création finale de la caricature du lendemain.

Nous avons proposé des essais à quelques personnes qui nous apparaissaient les meilleures. Des essais de deux jours d'abord, suivis d'une semaine complète à celles qui allaient faire partie de la sélection finale.

L'un de ces candidats, le pauvre, s'était présenté dans la salle un matin, plein de bonne volonté et de talent. Il était mal tombé, c'était le 11 septembre 2001! Il a compris que cet environnement n'était pas pour lui. La plupart des autres qui ont suivi ne pouvaient s'acclimater ou imaginer travailler dans une atmosphère aussi éclatée qu'une salle de rédaction.

Puis, lors d'une rencontre avec quelques collègues, je me mets à faire le bilan de cet exercice plus difficile que prévu. Je raconte que le tout premier jour de mon arrivée au Journal, un jeune homme s'était présenté devant ma porte en me réclamant quelques minutes. « Je sais que vous commencez aujourd'hui, mais je voulais être le premier à vous soumettre ma candidature pour le poste de caricaturiste quand Roland Pier partira », m'avait-il dit.

Il était venu de Québec juste pour me dire cela en deux minutes.

Quand la chasse au candidat a commencé, quelques semaines plus tard, il m'a envoyé un dessin chaque jour pour prouver qu'il pouvait soutenir le rythme. Sans oublier de me faire parvenir quelques lettres pour se rappeler à mon bon souvenir. Plus quelques coups de téléphone. Plus l'enregistrement d'une entrevue qu'il avait donnée à TVA-Québec dans laquelle il annonçait virtuellement qu'il allait devenir le caricaturiste du Journal de Montréal au terme du concours.

Le moins qu'on puisse dire, c'est qu'il avait du front!

En entendant l'histoire, un collègue me dit : « As-tu vu le site de Canoë? Il y a un excellent caricaturiste et je me demande si ce n'est pas le gars dont tu parles. »

Au retour du lunch, je n'ai qu'une idée : vérifier le caricaturiste de Canoë.

Mais comme toujours, le téléphone sonne : c'est justement la directrice du site Internet qui me demande si je suis toujours à la recherche d'un caricaturiste. « Regarde le mien, il est excellent », me dit-elle. Évidemment, c'est Beaudet. Tous ses dessins sont là, archivés depuis deux ou trois mois. En couleurs, au surplus.

Et sa moyenne au bâton est excellente.

Deux semaines plus tard, Beaudet amorçait sa carrière au Journal avec cette arrogance propre à ceux qui ont une confiance inépuisable en leur talent. Depuis près de deux ans maintenant, ses coups de crayon font le délice de nos lecteurs. Ce recueil de ses meilleurs dessins saura sûrement vous charmer et vous convaincre que si Marc Beaudet était le seul à croire à son talent quand il a quitté la vente pour se lancer dans le domaine de la caricature, il avait drôlement raison d'être aussi bon vendeur.

Bernard Brisset

Rédacteur en chef du Journal de Montréal
(juin 2001 - août 2003)

Chacun est libre de se laisser vivre ou de vivre son rêve.

— Pierre Péladeau

Notre esprit n'a pour limites que celles que nous lui reconnaissons.

— Napoléon Hill

LE PAPE VEUT SANCTIONNER LES RÉCIDIVISTES...

32

LA THÉORIE AMÉRICAINE DU LIEN ENTRE SADDAM ET BEN LADEN...
TOURNEZ LA CARICATURE...
BEAUDET 2003

42

43

48

LA VÉRIFICATRICE GÉNÉRALE VEUT EXAMINER EN PROFONDEUR LES CONTRATS DU FÉDÉRAL...

*À la suite du scandale des commandites, Don Boudrias
hérite du poste d'Alfonso Gagliano.*

61

63

67

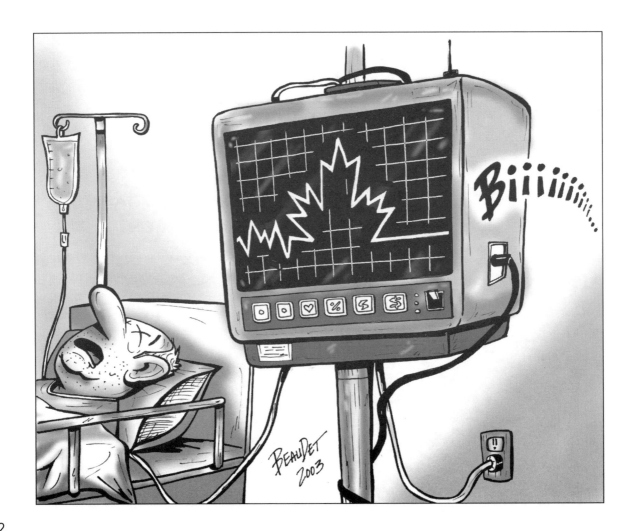

73

Le Sénat étudie la possibilité de légaliser la marijuana.

78

80

Le huard frôle les 75 cents US.

Suite de « démissions » au PQ.

Décès du syndicaliste Louis Laberge.

Paul Bégin quitte le PQ.

Québec s'entend avec les Innus.

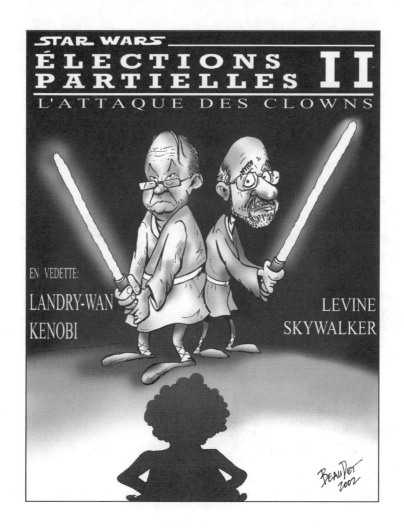

91

Dernière chance de Jean Charest aux prochaines élections.

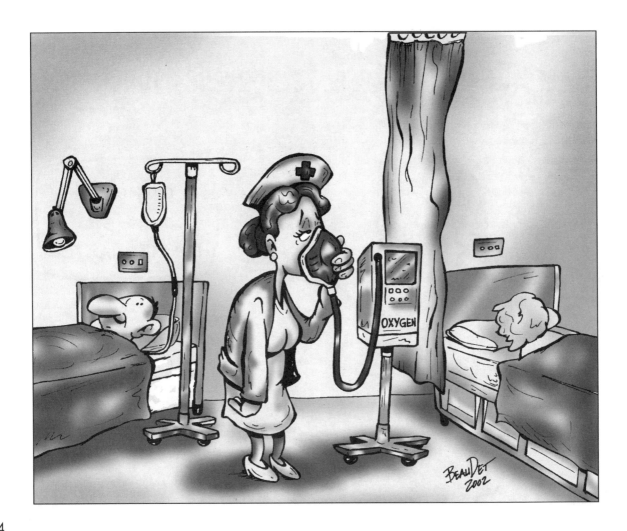

ROGER TAILLIBERT VEUT DÉFENDRE
SA PROPRIÉTÉ INTELLECTUELLE...

Bernard Landry déclare préférer rencontrer le président
de la Sun Life à un groupe de femmes.

L'ADQ recueille seulement 15 % des intentions de vote.

ADQ BON DERNIER
DANS LES SONDAGES...

BEAUDET
2003

Les libéraux de Jean Charest remportent les élections;
le PQ devient le parti d'opposition.

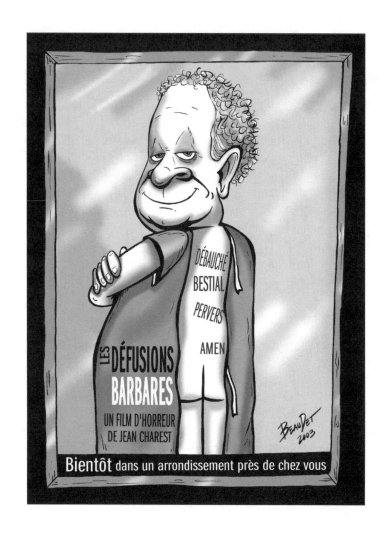

L'ADQ n'est pas reconnu comme parti officiel à l'Assemblée nationale.

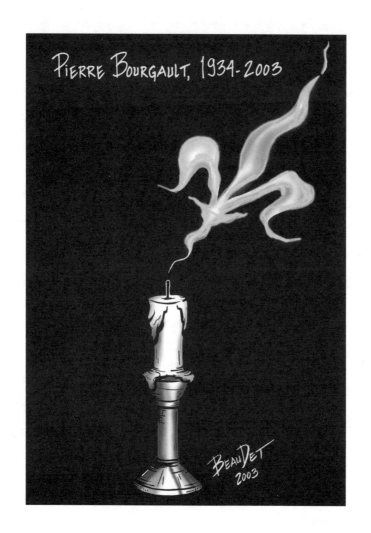

Série de scandales à la mairie de Montréal.

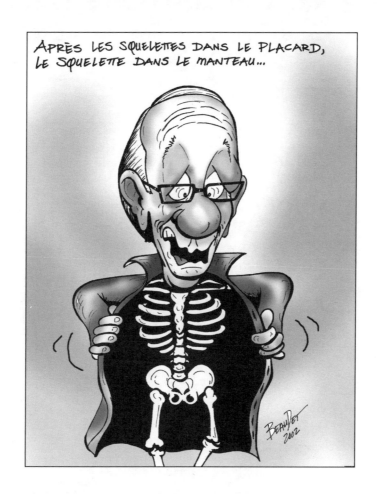

Gérald Tremblay est lui-même impliqué dans les scandales.

La société

Maurice « Mom » Boucher est condamné à 25 ans de prison.

Charles Dutoit répond à la Guilde des musiciens.

L'ADISQ remet le Félix Hommage 2002 à Plume Latraverse.

Un journal à potins insinue que Jean-René Dufort a participé à un film porno au cours de son reportage.

133

Plaintes pour agressions sexuelles déposées à Las Vegas contre René Angelil.

Martin Stevens et Charles Biddle jr. chantent au mariage d'un Hells.

Jean Perron témoigne devant le juge au procès intenté contre les auteurs du livre Les perronismes.

143

144

145

Les sports

Bagarre entre deux joueurs du Canadien à l'entraînement

L'entracte à Ottawa...

Début de saison hâtif chez le Canadien.

Fin de saison abrupte chez le Canadien.

La Face Cachée Des Américains aux Olympiques...

LOGO VU DE HAUT

LOGO VU DE FACE

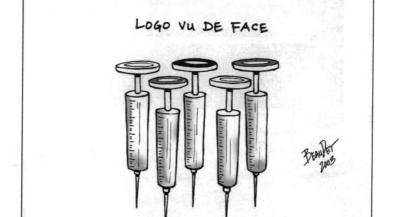

BEAUDET
2003

LA JUGE FRANÇAISE DOIT COMPARAÎTRE DEVANT LA FÉDÉRATION INTERNATIONALE DE PATINAGE...

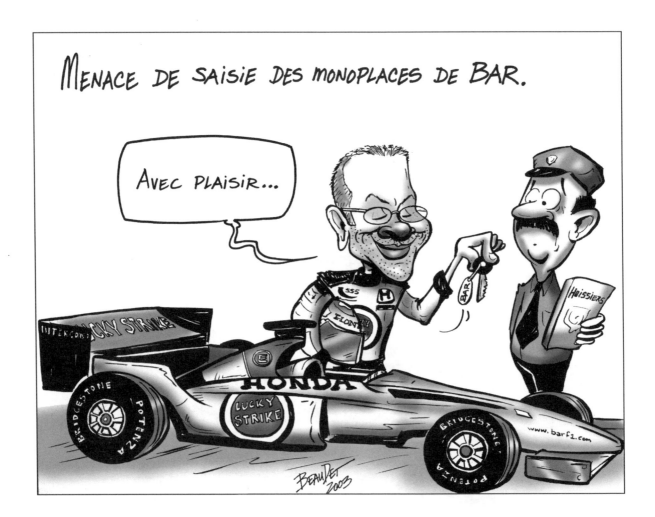

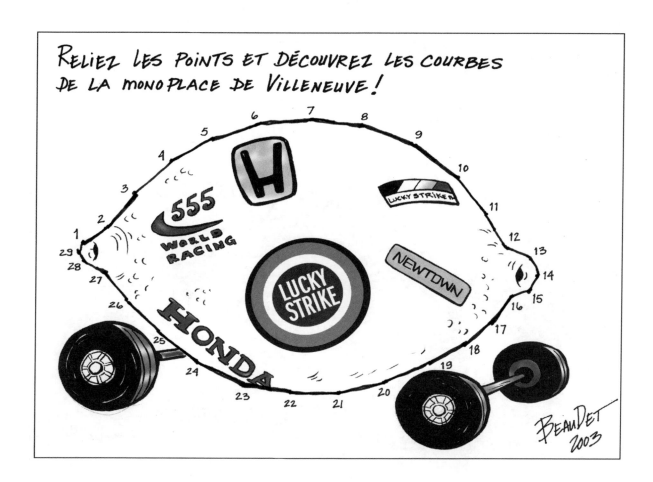

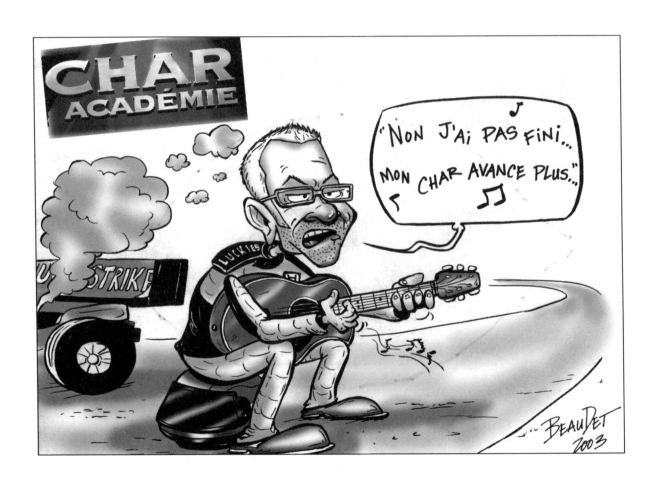

168

Du liège est retrouvé dans un bâton de Sammy Sosa.

Mike Weir remporte le tournoi des Maîtres à Augusta.

New-York immortalise en lumière les deux tours jumelles.

175

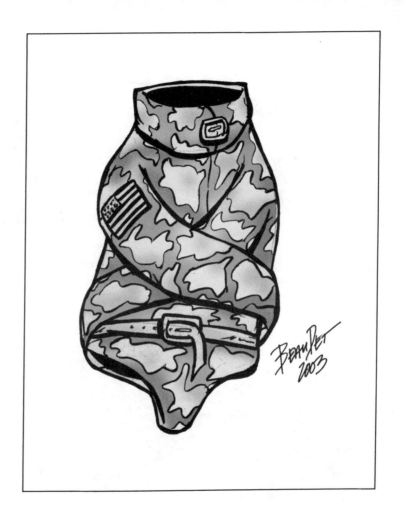

183

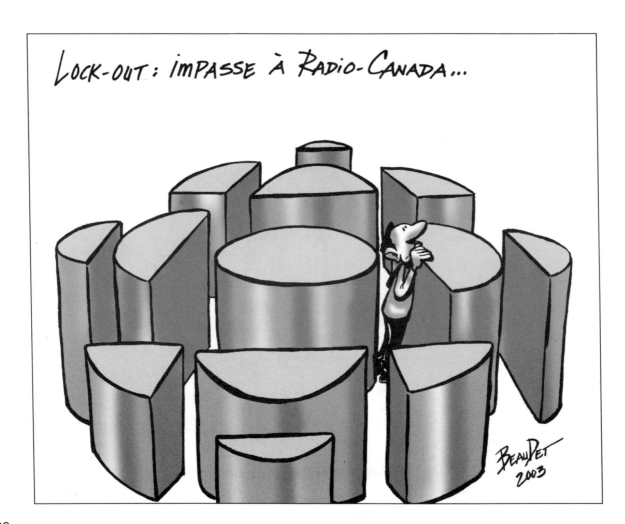

OUVERTURE DU PROCÈS DE Mom BOUCHER...

197